DIE REIHE
Archivbilder

ST. GILGEN
AM WOLFGANGSEE

St. Gilgen am Wolfgangsee im Jahre 1901.

DIE REIHE
Archivbilder

ST. GILGEN
AM WOLFGANGSEE

Marie-Theres Arnbom

SUTTON
VERLAG

Sutton Verlag GmbH

Hochheimer Straße 59

99094 Erfurt

http://www.suttonverlag.de

Copyright © Sutton Verlag, 2008

ISBN: 978-3-86680-373-2

Druck: Druckhaus „Thomas Müntzer" | Bad Langensalza

Die ersten Sommerfrischler treffen in St. Gilgen ein.

Inhaltsverzeichnis

Literaturnachweis

MARIE-THERES ARNBOM: *Bürgerlichkeit nach dem Ende des bürgerlichen Zeitalters? Eine Wiener Familienkonfiguration zwischen 1900 und 1938*, Wien 1990
Fremden-Liste der Sommerfrische St. Gilgen am Abersee 1894 bis 1917
KARL VON FRISCH: *Fünf Häuser am See*, Berlin 1980
MONIKA OBERHAMMER: *Sommervillen im Salzkammergut*, Salzburg 1983
WOLFGANG KOS, ELKE KRASNY (HG): *Schreibtisch mit Aussicht*, Wien 1995
ROBERT KRIECHBAUMER (HG): *Der Geschmack der Vergänglichkeit. Jüdische Sommerfrische in Salzburg*, Wien 2002
Salzkammergut. Katalog zur Oberösterreichischen Landesausstellung, Linz 2008
LEOPOLD ZILLER: *Vom Fischerdorf zum Fremdenverkehrsort*, St. Gilgen 1973
LEOPOLD ZILLER: *Häuserchronik der Gemeinden St. Gilgen und Strobl am Aber- (Wolfgang-)See*, St. Gilgen/Strobl 1990
Alle Abbildungen stammen aus der Fotosammlung der Autorin.

Die Vision einer Kleinstadt – St. Gilgen, wie es niemals aussah und aussehen wird.

Sommerfrische in St. Gilgen am Wolfgangsee

Fahr nach St. Gilgen zur Sommerzeit!
Mäderl, sei g'scheit, dort wird gefreit!
An jedem Eck steht dort fesch und stramm
Zur Auswahl ein Herr Bräutigam.
Und wird es Abend am Mozartplatz
raunt er Dir zu: „Über's Jahr, mein Schatz,
mach'n wir den Sprung in die Eh',
In St. Gilgen, in St. Gilgen am Wolfgangsee!
Juche!"

So brachte Hermann Leopoldi in seinem gleichnamigen Lied einen wesentlichen Aspekt der Sommerfrische St. Gilgen auf den Punkt – denn nicht wenige Ehen wurden in der unbeschwerten Sommerstimmung angebahnt und geschlossen.

Sommerfrische, die Zeit der Entspannung, war ein zentraler Punkt im Leben des Wiener Bürgertums. Wurden in der Biedermeier-Zeit den Städten nahe gelegene Ziele für den Sommeraufenthalt gewählt, erweiterten die bürgerlichen Familien durch den Ausbau der Eisenbahn ihren Radius: Man fuhr in die Kurorte südlich von Wien wie Baden und Bad Vöslau, ins Semmeringgebiet, nach Reichenau und Payerbach und in der zweiten Hälfte des 19. Jahrhunderts natürlich ins westlich gelegene Salzkammergut, denn ab 1853 verbrachte Kaiser Franz Joseph seine Sommer in Bad Ischl. Dieser bereits bekannte Kurort sowie das ihn umgebende Salzkammergut wurden bald zu den beliebtesten Sommerfrische-Gegenden der Monarchie.

Im Jahre 1863 erbaute der Salzburger Fabrikant Ludwig Zeller die erste Sommer-Villa im Gemeindegebiet St. Gilgen – jedoch weit entfernt vom Ortszentrum auf dem Frauenstein in Ried gelegen. Dieses Haus mit einem wunderbaren Blick auf den Wolfgangsee erhielt eine besondere Bedeutung, denn Katharina Schratt mietete sich hier ein, bevor sie die Villa Felicitas in Bad Ischl bezog.

Zehn Jahre später, also 1873, wurde die Wolfgangseeschifffahrt mit dem Einsatz des Raddampfers „Kaiser Franz Joseph I.", der bis heute verkehrt, begründet. Und ab 1890 begann das große Vorhaben mit kaiserlicher Genehmigung: Salzburg und Bad Ischl wurden in Teilstücken miteinander durch eine Schmalspur-Eisenbahn, die Salzkammergut-Lokalbahn, verbunden. 1893 war der Tunneldurchbruch für das Mittelstück bei Hüttenstein gelungen, das schwierigste Bauwerk auf der Trasse zwischen dem Mondsee und dem Wolfgangsee, und die Verbindung Salzburg–Bad Ischl vollendet. Damit lag St. Gilgen in das Verkehrsnetz eingebunden und eine Reise von Wien war nicht mehr eine zu große Anstrengung.

Die erste Villa im St. Gilgner Ortsgebiet, die sogenannte Villa Seewiese, wurde 1875 von Albert Freiherrn von Stephani errichtet. Damit begann eine Bautätigkeit, die St. Gilgen ein völlig anderes Gesicht geben sollte. Aus dem Fischerdorf wurde ein Fremdenverkehrsort, der viele berühmte Gäste anzog. So verbrachte Marie von Ebner-Eschenbach viele Sommer am Ufer des Wolfgangsees, Theodor Billroth sammelte einen Kreis von Ärzten und Komponisten wie Johann Strauß und Johannes Brahms um sich, die Familie von Frisch gehörte zu den St. Gilgner Pionieren und bot dem späteren Nobelpreisträger Karl von Frisch genügend Möglichkeiten, die Sprache der Bienen zu erforschen.

Es wurden Villen gekauft oder gebaut, man mietete sich bei den Einheimischen ein, die ihrerseits auch wieder Häuser bauten, um diese vermieten zu können. Industrielle wie Wilhelm Kestranek prägten das Ortsbild mit imposanten Jugendstilvillen. Im Falle dieser Familie weiß heute kaum noch jemand, dass der Großteil der Sommergäste eigentlich miteinander verwandt war: Die Familien Kestranek, Blaschczik, Lenk, Herz, Jehle, Berecz und Winterstein gehörten alle einer Großfamilie an, die St. Gilgen als ihre zweite Heimat liebte und bis heute diesem Ort treu geblieben ist.

Aber auch Künstler suchten die Geborgenheit und Ruhe dieses Ortes, wurden angezogen von der Schönheit der Landschaft und der Nähe zu den Salzburger Festspielen. Unter ihnen war Alexander von Wunderer, Vorstand der Wiener Philharmoniker, der auch Mitbegründer der Zinkenbacher Künstlerkolonie war. Benannt nach einem Ortsteil von St. Gilgen, gehörten zu den 27 Mitgliedern der Künstlerkolonie vor allem Wiener Maler, so auch beispielsweise die Malerin Lisel Salzer und die Schriftstellerin Hilde Spiel. Gemeinsam erlebten die beiden während eines Sommers eine Liebelei mit zwei Belgiern, eine Begebenheit, die die Vorlage zu Hilde Spiels Roman „Verwirrungen am Wolfgangsee" lieferte.

Die Einheimischen passten sich der neuen Nachfrage an, und neben den von ihnen erbauten Häusern entstanden auch ein „Wiener Café", eine „Wiener Wäscherei", eine „Wiener Konditorei" und eine „Wiener Delikatessenhandlung". Verschiedene Sportarten gelangten auch an den Wolfgangsee, ein Yacht-Club wurde gegründet, ein Seebad errichtet, und Einheimische gaben den meist weiblichen Sommergästen Radfahrunterricht. Auch wurde die Berglandschaft erschlossen, Schwimmen zu einer beliebten Beschäftigung, es wurde musiziert und Theater gespielt, man schloss Geschäfte in entspannter Atmosphäre ab und intensivierte Freundschaften durch viele Besuche.

Viele Sommerfrischler waren sehr aktiv an St. Gilgner Angelegenheiten beteiligt. Im Jahre 1906 wurde in Wien der „Fremdenverkehr-Interessenten-Verein" gegründet, der die Pflege des Ortes und der Spazier- und Wanderwege zum Ziel hatte. 1909 wurde dann auch der Verschönerungs-Verein St. Gilgen mit einer ähnlichen Zielsetzung ins Leben gerufen, und die Sommerfrischler spendeten Jahr für Jahr nicht unbeträchtliche Summen für diesen Verein und seine Ziele – ein Zeichen, dass ihnen die Erhaltung des Ortes am Herzen lag.

Grundlage dieses Buches bietet ein privates Fotoarchiv, das dadurch einen ganz speziellen Fokus auf die Erlebnisse in der St. Gilgner Sommerfrische wirft. Die Bilder umfassen, mit wenigen Ausnahmen, die Zeit bis 1938. Vom Konkreten kann jedoch auf das Allgemeine geschlossen werden, denn diese Bilder wurden seit Generationen mit Erzählungen ergänzt. Das Leben verlief für alle Sommerfrischler mehr oder weniger gleich, mit mehr oder weniger Gästen, Musik und Sport. Die Atmosphäre der Unbeschwertheit, der Fröhlichkeit und der Geselligkeit geben diese Bilder, die erstmals publiziert werden, ebenso wieder wie die spezielle Beziehung zu St. Gilgen. Gewidmet sei dieses Buch allen Nachkommen von Lajos und Lilly Jehle, die die Liebe zu St. Gilgen über mittlerweile vier Generationen weitergegeben haben.

Marie-Theres Arnbom
St. Gilgen, im September 2008

1

Sommerfrische – Zeit der Muße

Ein Großteil des gesellschaftlichen Lebens verlagerte sich in den Sommermonaten aufs Land. Die Familien verbrachten dort oft Monate, die Männer pendelten von Wien aus dorthin, Geschäfte wurden in entspannter Atmosphäre angebahnt, man unternahm Landpartien, musizierte viel, gab Einladungen, die Kinder spielten gemeinsam mit den Kindern des Dorfes und verbrachten eine unbeschwerte Zeit. Die Familien bewohnten Sommerwohnungen oder erbauten eigene Sommervillen als Symbol für Wohlstand und die Zugehörigkeit zum Großbürgertum. Für diesen mehrmonatigen Aufenthalt reiste man „mit Wirtschaft", denn für die Führung eines voll ausgerüsteten Haushaltes durfte es an nichts fehlen: Wäsche, Mobiliar und Personal. „Menagieren" nannte man diese Art des Reisens. Je nach Anzahl und Anspruch der weiblichen Familienmitglieder kam eine mehr oder minder reichhaltige Garderobe hinzu, Wäsche und Kleidung für sonniges und regnerisches Wetter, Spielzeug für die Kinder, Studienmaterial für die Ältesten, Tennis-, Bade- und Wanderausrüstung und was es eben an vermeintlich Unentbehrlichem geben mochte.

Sommerfrische im Jahre 1899 – zu sehen sind von links Jenny Richter, Walter Franz und Gretl Osio.

Im Jänner 1890 erhielt Wilhelm Michel gemeinsam mit dem Bauunternehmen Stern & Hafferl in Wien von Kaiser Franz Joseph I. eine Konzession „zum Baue und Betriebe einer als schmalspurige Localbahn auszuführenden Locomotiveisenbahn von Ischl über Strobl, St. Gilgen und Mondsee nach Salzburg".

Die Bahn wurde somit zu einem der wichtigsten Verkehrsmittel für die Sommerfrischler, die sich hier am Bahnhof St. Gilgen versammeln.

Der Postautobus erreichte St. Gilgen zwar bereits 1913, doch war seine Bedeutung auf Grund der parallel geführten Lokalbahn eher gering. Erst nach deren Einstellung im Jahre 1957 stieg die Bedeutung des Autobus-Verkehrs.

Im Jahre 1873 begann die Dampfschiff-Ära auf dem Wolfgangsee, eine enorme Attraktion für den aufkommenden Fremdenverkehr.

St. Gilgen, Altes Pfleggericht.
„Hier wohnte Mozart's Mutter"

St. Gilgen Nr. 1, das alte Pfleggerichtsgebäude, zählt nach wie vor zu einer der Attraktionen des Ortes. 1569 hatte Wolf Stadlmann ein Haus erbaut, das zur „Niderleg" verwendet wurde.

In diesem Hause wurde im Jahre 1720 Mozarts Mutter Anna Maria Pertl als Tochter des Pfleg-kommissars Wolfgang Nikolaus Pertl geboren. Pertl war 1716 als Pfleger der Gerichtsgemeinde Hüttenstein/St. Gilgen vereidigt worden. 64 Jahre nach der Geburt ihrer Mutter heiratete Anna Marias Tochter, Maria Anna „Nannerl" Mozart, den Nachfolger ihres Großvaters, den Reichs-freiherrn Johann Baptist Berchtold zu Sonnenburg. Dieser starb 1801 und Nannerl zog wieder zurück nach Salzburg.

Der Mozartplatz noch ohne den dominanten Mozartbrunnen. Dieser entstand 1927 und ist ein Werk des Wiener Jugendstil-Bildhauers Karl Wollek. Als Versammlungsort war der Mozartplatz jedoch immer schon beliebt.

Wilhelm Kestranek (1863–1925) zählte als Generaldirektor der Prager Eisenindustriegesellschaft zu den bedeutendsten Industriellen der Habsburgermonarchie. Er ließ sich einen standesgemäßen Sommersitz in St. Gilgen errichten. Architekt war Emanuel von Seidl, der unter anderem auch die Villa Richard Strauss' in Garmisch geplant hatte. Ursprünglich bestand die Anlage aus Villa, Gärtnerhaus, Boots- und Badehütte.

Die Villa Kestranek wurde zu einem Anziehungspunkt für Familie, Freunde, Industrielle, Politiker und Künstler.

Sct. Gilgen am Wolfgangsee, Villa Anna.

Wilhelm Kestraneks Schwester Anna heiratete Hans Blaschczik. Auch sie ließen sich eine Villa in St. Gilgen erbauen, die Villa Anna.

VILLA ANNA

ST. GILGEN, SALZBURG, TEL. Nº 14.

Alle Villenbesitzer ließen Ansichtskarten ihrer Häuser herstellen, die auch fleißig an Freunde und Verwandte verschickt wurden.

Lag die Villa Anna hoch über dem Ort mit einem wunderschönen Blick über den See (oben), siedelte sich Annas Schwester Ida am Ufer des Wolfgangsees an (unten). Sie war mit Eugen Herz (1875–1944), dem Generaldirektor der Alpinen Montangesellschaft, verheiratet. Eugen und Ida Herz waren lange auf der Suche nach einem geeigneten Grundstück gewesen, erst in den 1930er-Jahren wurden sie fündig und erwarben 1931 das Ganisl-Gut direkt am See. Sie erbauten eine Villa und daneben ein kleineres Haus für ihren Sohn Stefan.

Nach 1912 erbauten Eugène und Gabriele Koenig eine imposante Villa, genannt „Neue König-Villa", denn 1906 hatten sie bereits die vis à vis liegende „Alte König-Villa" erworben.

Die „Neue König-Villa" war der Villa Billroth benachbart. Bereits 1883 kam auch der berühmte Chirurg Theodor Billroth, durch die Erzählungen seines Assistenten Dr. Anton von Frisch neugierig gemacht, nach St. Gilgen und erwarb noch im selben Sommer einen Besitz.

Brunnwinkl ist untrennbar mit der Familie Frisch verbunden. Im Jahre 1882 mieteten sich Anton und Marie von Frisch in der alten Kornmühle in Brunnwinkl ein – im Herbst desselben Jahres kauften sie das benachbarte Mühlhaus und in den folgenden Jahren sukzessive drei weitere Häuser in dieser Bucht. So entstanden die untrennbar mit St. Gilgen verbundenen „Fünf Häuser am See".

Marie von Frischs Vater, Universitätsprofessor Franz Exner, berichtete bereits im Jahre 1842 begeistert von den Schönheiten des Salzkammergutes und legte so den Grundstein für die enge Verbundenheit der Familie Frisch mit St. Gilgen.

Eine frühe Aufnahme aus dem Jahre 1899 zeigt Jenny Richter, die später Otto von Frisch heiratete, und Gretl Osio bei einer Bootspartie. In diesem Jahr erbauten Jennys Eltern Josef und Sophie Richter eine Villa in St. Gilgen.

Die vereinten Schwestern Kestranek – von links Camilla, Jenny, Lilly, Anna und Ida.

Mütter und Kinder genießen den Sommer.

St. Gilgen war ein Kinderparadies: Stefan Herz-Kestranek hatte von klein auf eine ganz besonders enge Beziehung zu seiner Sommerfrische.

Alljährlich wurde am 18. August, Kaiser Franz Josephs Geburtstag, ein Basar veranstaltet, zu dem die Sommerfrischlerinnen viele Handarbeiten beitrugen.

„Der Reiz, der überhaupt in der Conception eines wohnlichen und zierlichen Sommersitzes liegt, vielleicht aber mehr noch die ungewöhnliche Stimmung, welche Lage und Umgebung erzeugen", schrieb Erzherzog Johann Salvator 1889 in der „Österreichisch-ungarische Monarchie in Wort und Bild".

Alle Generationen verbrachten gemeinsam die Sommermonate.

Emanuel von Seidl, der Architekt der Villa Kestranek, meinte, „ich wollte aber doch ein Haus bauen, das schließlich allenfalls auch zu Kniehosen passen und in dem Komfort mit bodenständiger Behaglichkeit zusammenkommen könnte".

Bischof Vilmos Fraknoi (1843–1924), Onkel der Familien Kestranek und Jehle, hatte zu seinen vielen Neffen und Nichten ein ausgesprochen gutes Verhältnis und war ein gern und oft gesehener Gast in St. Gilgen.

Tarockspielen zählte zu den beliebtesten Tätigkeiten in der Sommerfrische wie auch im Wiener Alltagsleben. Die Runden waren da wie dort dieselben, Freunde und Verwandte pflegten engen Umgang miteinander.

Caroline Kestranek, die Schwester des Bischofs Fraknoi, beim Tarockieren mit ihrer Schwiegertochter Mizzi Kestranek und den Verwandten Leopoldine Berecz samt Tochter Lilly Jehle.

Zeit miteinander zu verbringen, Ruhe und Muße zu haben, sich mit Freunden und Verwandten zu beschäftigen, diese Annehmlichkeiten zählten zu den besonderen Qualitäten der Sommerfrische.

Lajos Jehle (1871–1939), hier rechts zu sehen, war ein Neffe des Bischofs Vilmos Fraknoi und angesehener Kinderarzt. Seine Patienten reisten ihm, zu seinem Leidwesen, im Sommer nach St. Gilgen hinterher und vergönnten ihm weniger Ruhe, als er sich oft gewünscht hätte.

Lajos und Lilly Jehle waren schon jahrelang in St. Gilgen eingemietet gewesen, ebenso Lillys Eltern Carl und Leopoldine Berecz. Im Jahre 1916 erwarben sie eine Seeparzelle mit einem Haus, das von Kleinhäuslern bewohnt war. Somit waren die Jehles beinahe die einzigen Sommerfrischler, die keine neue und prunkvolle Villa erbauten, sondern ihr sogenanntes Abtenauerhaus langsam ausbauten und adaptierten.

Am 6. Dezember 1915 schrieb Anna an Willy Blaschczik: „Stell Dir vor, die jungen Jehles haben ihre Kriegsanleihen verkauft, um das kleine Abtenauerhäusl, auf das Herz so reflektierten und sie in diese seine Pläne eingeweiht hatte, zu kaufen. Du kannst Dir den Skandal in der Familie vorstellen. Man ist deshalb gestern am Familienabend wie zu Gericht gesessen." Dennoch genoss die Familie das Zusammensein in St. Gilgen. Hier sind Lajos und Lilly Jehle zu sehen.

Lillys Schwester Emmy Frick verbrachte viele Sommer in St. Gilgen.

Emmy Frick gemeinsam mit ihrem Vater Carl Berecz (1853–1931). Dieser hatte 1881 ein Herrenmodegeschäft in der Wiener Innenstadt gegründet, das bald florierte. Bereits 1895 verbrachte die Familie Berecz den Sommer erstmals in St. Gilgen.

Auch im Fotostudio wurde die Atmosphäre der Sommerfrische nachgestellt.

Die Sommermonate verbrachte man selbstverständlich in Dirndl und Trachtenanzug. Heute wird dies vielfach als Verkleidung der Städter belächelt, doch gerade das assimilierte jüdische Bürgertum trug die Tracht mit Stolz, fühlte es sich doch in besonderem Maße Österreich und der Habsburgermonarchie verbunden. Man muss nur die vielen Fotos betrachten, um den Stellenwert dieser Kleidung als Zeichen der Integration zu erkennen.

Lilly und Lajos Jehle genießen die Abendsonne im sogenannten Herrgottswinkel.

Das Leben spielte sich, so es nicht regnete, im Garten …

… und am Wasser ab.

Das gesellschaftliche Leben pausierte in der Sommerfrische nicht, viele Verwandte, Freunde und Bekannte waren da oder kamen auf Besuch – nicht immer nur zur allgemeinen Freude. Die Zeit war zwar eine schöne, „nur das Wetter und die Häufung der Bekannten" wurden beklagt.

Jausnen hatte einen wichtigen Stellenwert im Ablauf des Sommerfrischentages. Diese Tradition wurde sogar nach Wien übernommen, wo in regelmäßigen Abständen „Gilgner Jausen" stattfanden.

Carl Berecz, hier im Kreise seiner Kinder und Kindeskinder, hatte niemals ein eigenes Haus in St. Gilgen erworben, sondern Jahr für Jahr eine Sommerwohnung gemietet, meist am Hauptplatz neben dem „Hotel Post".

Jede Heirat brachte neue Familienmitglieder nach St. Gilgen. Auf diesem Foto ist Emmy Frick mit ihrem Vater Carl Berecz und ihrer Schwiegermutter Anna Frick zu sehen.

Kleidungsvorschriften wurden in der Sommerfrische nicht so genau genommen – hie der Schwimmanzug, da die Knickerbocker mit korrekt gebundener Masche.

„Ringsherum ist lauter Landschaft. Es grünt und blüht wie im Liede, der See haucht seinen angenehmen, aus kühl, tief und naß komponierten Atem in die Poren der Haut und der Seele, die sie umspannt", schrieb Alfred Polgar 1926.

Im Jahre 1920 schrieb Lajos Jehles Cousin Eugen Herz ins Gästebuch: „Fürs Fremdenbuch soll ich was schreiben/Und find nicht das richtige Wort!/Denn: Schmeichelkult zu treiben/Erscheint mir fehl am Ort!/Soll ich Euer Häuschen besingen/Und seine Gemütlichkeit?/Lass ich mein Loblieb erklingen/Auf Eure Gastlichkeit?/[...]/Soll ich den Frohsinn loben/Der Euer Heim durchdringt,/ Der Riesen wie Mikroben/Zu guter Stimmung bringt?/Das alles sind nur Ranken/Umschlin-gend – efeugleich –/Den einen Hauptgedanken:/,Ich fühl mich wohl bei Euch!'"

Zu den Tätigkeiten des Alltags zählten Blumen-
pflege …

… und viel Lektüre.

Vor allem das Briefeschreiben gehörte zum fixen Bestandteil des Sommerfrischealltags, das viel
Zeit in Anspruch nahm. Detaillierte Berichte wurden an Freunde und gerade abwesende Verwandte gesandt.

Die Interieurs der Villen und Häuser unterschieden sich je nach Geschmack und Anspruch sehr, Altes und Neues, Städtisches und Ländliches verbanden sich zu einem neuen Ganzen, das liebevoll gepflegt wurde.

Das Abtenauerhaus wurde 1663 erbaut. Bereits 1707 wurde zum ersten Mal in der Dorfchronik erwähnt, dass es oft wegen Hochwassers leer stehe – ein Problem, das bis zum heutigen Tage besteht. Oftmalige Besitzwechsel bis zum Jahre 1916 lassen erahnen, dass die Lage für landwirtschaftliche Tätigkeit alles andere als günstig war, die Bodenbeschaffenheit des Schwemmlandes und die Hochwassergefahr erlaubten gerade noch das Halten von Ziegen, der Anbau von Getreide oder Gemüse war unmöglich.

Katharina Kendler, genannt Frau Kathi, war die gute Seele des Abtenauerhauses. Im Winter betreute sie das Haus, im Sommer half sie im Haushalt.

Bundeskanzler Kurt Schuschnigg (rechts) verbrachte einige Sommer in einer gemieteten Villa in St. Gilgen. Zu Besuch kam auch Staatssekretär Guido Schmidt.

In einer anderen Bootshütte war Robert Winterstein mit seiner Frau Magda und seinem Sohn Erich zu Gast.

Doch verbrachte man die Zeit nicht nur auf der Bootshütte, sondern auch gern im Wasser davor. Ganz rechts ist Stefan Herz mit seinem Vater Eugen zu sehen.

Hochwasser war immer ein bedrohlicher Teil des St. Gilgner Alltags. Im Sommer 1954 notierte Maria Winterstein: „8. Juli: Hochwasser nach schweren Regenfällen. In der Küche 80 cm Wasser. Konnten das Haus 2 Tage lang nur per Ruderboot verlassen. Wohnten im 1. Stock und Mansarde. Nach 10 Tagen konnten wir die unteren Räume wieder benützen."

Im Juli 1918 schrieb Lilly Jehle ins Gästebuch des Abtenauerhauses: „Überschwemmung: 5. bis 6. nachts kam das Wasser in die unteren Zimmer. Um drei Uhr nachts haben wir die unteren Zimmer ausgeräumt. Am 6. Auszug aus dem Häuserl um 10 Uhr vormittag. Das Wasser stand im Speiszimmer ¼, in der Küche einen ½ Meter hoch […] Am 8.7. bin ich mit den Kindern eingezogen. Das Wasser in der Küche war noch vorhanden, aber nur mehr 5 cm hoch."

„Lieber Arthur! In 12 Tagen 9 Regentage. Der Regen hält an, 5° Wärme am Nachmittag", schrieb Richard Beer-Hoffmann am 12. Juli 1909 aus Mondsee an Arthur Schnitzler, der diesen Sommer in St. Gilgen verbrachte.

Die Sommerfrische galt immer als Paradies für die Kinder, als Zeit der Freiheit und Unbeschwertheit.

Cousins und Cousinen aller Altersstufen verbrachten die Sommermonate miteinander und legten so den Grundstock für engen und innigen Familienzusammenhalt.

Alles war spannend und neu und wurde mit Interesse beobachtet.

Auch die Kinder trugen selbstverständlich Dirndl und Lederhose.

Viele Spielsachen hatte man nicht, Roller waren jedoch sehr beliebt.

46

Auch der Leiterwagen war ein Lieblingsspielzeug der Kinder.

Vor allem die Kleinsten saßen gern im Leiterwagen und ließen sich von den Größeren herumschieben.

Selten, aber dann und wann hatten die Mädchen kein Dirndl an. Dann wurde zu einem weißen Kleid gewechselt, …

… in wechselnder Facon.

Beim Traundln wurde jedoch wieder Wert auf Dirndl und Lederhose gelegt.

Sportliche Betätigung spielte von klein auf eine wichtige Rolle.

Das Dreirad zählte in den 1930er-Jahren zu einem fixen Bestandteil des Haushaltes.

Auch Paddeln auf dem Wolfgangsee erfreute sich großer Beliebtheit.

Aus Kindern wurde Jugend, Besuche von Freundinnen – wie hier von Maria Jehle und Babette Lenz – gehörten gerade in diesem Lebensabschnitt zu einem wichtigen Teil des Sommerfrischengefühls.

Maria Anna Byk, genannt Mausi, wohnte mit ihrer Familie in einem kleinen Haus am See, nur durch einen Bach von ihrer besten Freundin Maria Jehle getrennt. Der Bach wurde mit einer kleinen Brücke überwunden, die Sommer fast die ganze Zeit gemeinsam verbracht. Ob auf einem Spaziergang mit dem Hund ...

... oder im Dirndl, bevor man sich aufmachte, die vielen anderen Freunde und Verwandte in St. Gilgen zu besuchen.

Langeweile kannte man in St. Gilgen nicht, gab es doch genügend Möglichkeiten, sich die Zeit angenehm zu vertreiben. Dazu gehörten Ausflüge mit den Fahrrädern ebenso ...

... wie ein Picknick im Grünen.

Auch ein „Tratscherl" am Steg zählte zu den Lieblingsbeschäftigungen.

Beliebt waren auch gemütliche Treffen auf der Wiese.

Tiere zählten schon immer zu einem selbstverständlichen Bestandteils des Lebens in der Sommerfrische. Ob Gänse, Enten oder Schwäne, sie alle waren willkommen und als „wilde Haustiere" gut gepflegt.

M. Ramsauer's Restauration am See, St. Gilgen.

Das sogenannte Maut- oder Kleehäusl hat eine bewegte Geschichte. Es wurde 1615 im Auftrag der salzburgischen Hofkammer errichtet und beherbergte die Wohnung des Gerichtsdieners – das Pfleggericht lag ganz in der Nähe – und drei Gefängniszellen. Bis 1829 war es landesfürstliches Gebäude, dann erwarb es der „Post"-Wirt Sebastian Schöndorfer und betrieb hier als Dependance des „Hotels Post" eine Seerestauration, die nur im Sommer geöffnet war.

Im Jahre 1873 wurde die Wolfgangseeschifffahrt eröffnet – die Anlegestelle neben dem Seerestaurant brachte einen enormen Aufschwung mit sich.

Das „Hotel Post" ist das zweitälteste Gasthaus St. Gilgen und stammt bereits aus dem 15. Jahrhundert. Hier trafen sich die Sommerfrische-Herren täglich zu einem Stamperl.

Eine große Gesellschaft feiert am Ufer des Sees.

Die enge Verbundenheit der Sommerfrischler mit St. Gilgen zeigte sich auch in den vielen Hochzeiten, die in den Sommermonaten in St. Gilgen stattfanden. Am 14. August 1933 heirateten Maria Jehle, deren Familie bereits seit 1895 die Sommerfrische hier verbrachte, und Peter Winterstein. Marias Schwester Christl hatte bereits zwei Jahre zuvor Peter Kronfeld geheiratet – natürlich auch in St. Gilgen.

Sommerfrischler und St. Gilgener waren zu Gast und freuten sich mit dem Brautpaar.

Der Hochzeitsempfang fand im „Hotel Excelsior" statt, das in den 1930er-Jahren als eines der elegantesten Hotels in St. Gilgen galt.

Das 1895/96 errichtete „Hotel Excelsior" war ein typisches Gebäude des ausgehenden 19. Jahrhunderts.

25 Jahre später wurde, wiederum in St. Gilgen, die Silberhochzeit gefeiert: Peter und Maria Winterstein mit ihren Kindern Christl und Werner.

Altbundeskanzler Kurt Schuschnigg hatte in den 1930er-Jahren einige Sommer in St. Gilgen verbracht, nun kehrte er aus Anlass dieses Festes in die alte Sommerfrische zurück.

Gefeiert wurde im Garten des Abtenauerhauses.

Dieser Bauernhof in Laim ist ein Stück altes St. Gilgen.

Lilly Greger, hier mit ihrer Tochter Liesl, scheint erstmals 1916 in der „Fremden-Liste der Sommerfrische St. Gilgen am Abersee" auf. Diese Listen gab der Verschönerungsverein heraus, um die Gäste – und ihre Spenden für den Verein – namentlich zu erfassen.

Besuche gehörten zum täglichen Bestandteil der Sommerfrische, hier ein Zusammentreffen in Brunnwinkl bei Gretl von Frisch, der Frau des späteren Nobelpreisträgers Karl von Frisch.

2

Wassersport

Sport gehörte als selbstverständlicher Bestandteil zur Sommerfrische. Der nahe See lud zum Schwimmen, Segeln, Rudern und auch Wasserskifahren ein, die Berge zu längeren oder kürzeren Partien. Lilly Jehle stieg, wenn es das Wetter zuließ, beinahe täglich vor dem Frühstück auf die „Weißwand", zu einem Gasthaus auf der halben Höhe des Zwölferhorns. Im Jahre 1906 wurde auf Initiative von Kommerzialrat Johann Dupal der „Fremdenverkehr-Interessenten-Verein" gegründet, dessen Aufgaben die Pflege des Ortes und der Spazier- und Wanderwege waren. Mitglieder waren unter anderem Hans Blaschczik, Wilhelm Kestranek, Anton von Frisch, Eugen von Schlesinger-Benfeld uvm. 1909 wurden die Aufgaben dieses Vereins vom „Verschönerungs-Verein St. Gilgen am Abersee" ergänzt und zum Teil übernommen. Doch auch ohne Vereine wurde dem Wassersport gefrönt – zahlreiche Fotos von Badenden zeigen die Faszination des Wassers, alle großen Villen hatten eigene Bootshäuser, in denen nicht nur Segel-, sondern auch Ruderboote untergebracht waren, die die Kinder zum Spielen einluden, den Erwachsenen ungezwungenes Beisammensein ermöglichten und jegliche Kleiderordnung unwichtig werden ließen.

Schwimmanzüge für den Herrn und die Dame gehörten zum selbstverständlichen Sommer-Dresscode.

Jugend in St. Gilgen: Maria Jehle mit Freunden.

Ungewöhnlich und überraschend sind die zahlreichen Fotos von turnenden Mädchen. Gymnastik erlebte Anfang des 20. Jahrhunderts einen enormen Aufschwung und wurde zu einem Modesport, nicht zuletzt auf Grund der Errichtung „schwedischer Turnschulen", die in Wien gang und gäbe waren.

Lajos und Lilly Jehle im Badekostüm. Lajos Jehle konnte nicht schwimmen und ließ sich daher ein sogenanntes Kinderbecken einrichten, in dem er gefahrlos den See genießen konnte.

Der nächsten Generation war das Schwimmen nicht
mehr fremd.

„Täglich Sonnenbad von 9 früh bis 5 Uhr und 2-3
Bädern. Unbeschreiblich schöne Herbststimmungen",
resümierte Lajos Jehle den Sommer 1924.

Maria Jehle um 1939 am Ufer des Wolfgangsees. Im Hintergrund sind die Strobler Berge zu erkennen.

Die Gymnastikübungen der Mädchen erreichten fast akrobatische Qualitäten.

Ein damals eher ungewöhnlicher Sport für Mädchen war das Bogenschießen.

„Ich liebe die Landungsstege an den Salzkammergut-Seen, die alten grauschwarzen und die neueren gelben. Sie riechen so gut wie von jahrelang eingesogenem Sonnenbrande. In dem Wasser um ihre dicke Pfosten herum sind immer so viele kleine grausilberne Fische, die so rasch hin und her huschen, sich plötzlich an einer Stelle zusammenhäufen, plötzlich sich zerstreuen und entschwinden", schrieb Peter Altenberg im Jahre 1896.

Der Beginn des Segelns fällt in die 1880er-Jahre, als die ersten getakelten Ruderboote an den See kamen. Ihren Liegeplatz hatten sie in Brunnwinkl. Die Anfänge des Segelsports am Wolfgangsee können im Jahre 1894 gesehen werden, als die ersten „richtigen" Segelboote auf dem See heimisch wurden. Es waren dies die Schwertjollen „Argo" von Hans von Frisch und „Helene" von Alfred Exner. Im Jahr darauf kam die offene Schwertjolle „Falke" der Brüder Strohschneider an den See.

Am 17. April 1901 erfolgte die Gründung des UYC Wolfgangsee in Brunnwinkl. Zu diesem Zeitpunkt umfasste der Verein 23 Mitglieder und neun Boote. Dem Gründungsvorstand gehörten als Vorstand Dr. Anton von Frisch, als dessen Stellvertreter Arthur von Marklowsky und außerdem Dr. Hans von Frisch, Dr. Alfred Exner, Paul Strohschneider, Dr. Hans Benndorf und Hans Coeln an.

Tennisspieler in St. Gilgen anno 1899. Lange weiße Kleider und Hüte waren die übliche Tennis-
kleidung, hier mit ländlichen Elementen ausgeschmückt.

Mit der Zeit änderte sich die Mode
und die Röcke wurden kürzer und
kürzer.

Zur luxuriösen Ausstattung der Sommerfri-
schen-Villen gehörte selbstverständlich auch ein
Tennisplatz, war das sogenannte „Lawn Tennis"
doch eine beliebte Beschäftigung der Sommergäste. So hatten unter anderem die Villen Lenk,
Blaschczik, Feilchenfeld und Styria sowie die
Hotels in Lueg und Fürberg Tennisplätze. Auch
in Brunnwinkl wurde ein Platz angelegt.

In den 1920er-Jahren ein Auto zu besitzen, war nur wenigen Menschen vorbehalten. Mit diesem gar bis nach St. Gilgen zu fahren, galt fast schon als Abenteuerreise. Vor allem der Scharfling, ein kleiner Pass zwischen dem Mondsee und St. Gilgen, war eine besondere Hürde. Nicht selten mussten die Beifahrer aussteigen und zu Fuß weitergehen, damit das Auto die Steigung schaffen konnte.

„Endlich ist der große Wunsch, einmal mit einem eigenen Wagen nach St. Gilgen zu kommen, erfüllt!" So schrieb Maria Jehle stolz im Jahre 1932 ins Gästebuch. In dieser Zeit war es für eine Frau höchst ungewöhnlich, den Führerschein und sogar ein Auto zu besitzen. Bereits 1930 mit erst 17 Jahren hatte Maria die Prüfung abgelegt und kaufte 1932 als eigenes Auto einen Amilcar. Dieser französische Autohersteller war eigentlich auf Rennautos spezialisiert, produzierte jedoch auch Sportwagen.

Maria Jehle im Monteur-Overall – eine emanzipierte Frau.

Strandbad in St. Gilgen im Salzkammergut

Bereits in den 1890er-Jahren hatte der „Post"-Wirt bei seiner Seerestauration ein Seebad eingerichtet, im Jahre 1893 neu gebaut und 1909 erweitert. Damals bestand ein Seebad aus zwei Bassins, streng getrennt für Damen und Herren. Das wilde Baden war damals verboten, die Sommergäste hatten jedoch die Möglichkeit, in ihren eigenen Badehütten, die in großer Zahl entstanden, ins Wasser zu springen.

In den 1880er-Jahren tauchten die ersten Ruderboote am See auf. Berthold Curant, Pionier der Linienschifffahrt auf dem Wolfgangsee, holte den Kärntner Bootsbauer Johann Ratz nach St. Gilgen, um Ruderboote zu bauen, denn die Nachfrage war groß. Unter Federführung von Christine Billroth veranstaltete die Sommerfrischler-Jugend auch Ruderboot-Rennen.

Doch war das Ruderboot auch wichtig, um zu den Segelbooten zu gelangen, die an Bojen in den St. Gilgner Buchten hingen.

Der „Gasthof Lueg" steht nicht im Mittelpunkt dieses Fotos, sondern die Dame ganz rechts im Bild. Das Wasserskilaufen hat seinen Ursprung in den 1920er-Jahren. Wassersportler in Amerika starteten erste Versuche, sich auf einem Brett von einem Boot ziehen zu lassen, doch erkannte man bald, dass man mit zwei Brettern leichter über das Wasser gleiten konnte. Erste Experimente gab es mit selbst gebastelten, drei Meter langen Wasserskiern. Möglich wurde das alles jedoch erst durch die Entwicklung von leistungsfähigen Motorbooten.

81

Nach all diesen sportlichen Betätigungen traf man einander im Garten wieder und ruhte sich auf Streckfauteuils aus.

3

Bergpartien

Die Berge übten immer schon eine starke Faszination auf die Menschen aus. Einerseits als Objekte für Maler, andererseits als Herausforderung für wagemutige Menschen. 1862 wurde der Österreichische Alpenverein, 1869 der Deutsche Alpenverein gegründet – wohl einer der einflussreichsten Vereine Mitteleuropas: Von der Ostsee bis zur Adria gab es bald keinen größeren Ort ohne Alpenvereinssektion. Der Alpenverein beeinflusste nicht nur die Freizeitgestaltung seiner Mitglieder, sondern trug wesentlich zu wirtschaftlichen Veränderungen auch im Salzkammergut in der zweiten Hälfte des 19. und am Anfang des 20. Jahrhunderts bei. Seine Mitglieder erbauten zahlreiche Hütten und viele hundert Kilometer Wanderwege und trugen zur wissenschaftlichen Erforschung der Alpen bei. Trotzdem lösten der Alpinismus und die Gründung des Alpenvereins zwiespältige Gefühle aus: Einerseits stand die Liebe zur Natur, zu den Bergen im Vordergrund, andererseits war von Anfang an die Verbreitung der deutschen Kultur ein Hauptanliegen. Gerade dieser Ansatz entwickelte sich aber in eine nationalistische und antisemitische Richtung. Das wollte man nicht wahrhaben. Und doch wurde bereits 1921 in der Sektion „Austria" der Arierparagraf eingeführt. Fast alle bedeutenden Bergsteiger der 1880er- und 1890er-Jahre gehörten der „Austria" an.

Das Zwölferhorn ist der Hausberg der St. Gilgner.

„Dunkle und lichte Berge schwingen ihre starren Wellen in die Luft, von weither tönt das Geräusch des Orts, von nahe her Vogelstimmen und die dünne Musik der kleinen animalischen Geschäftigkeiten in Baum und Gras", schrieb Alfred Polgar im Jahre 1926.

„In Fürberg, an der locker besiedelten Nordseite des Sees – dort wo der Weg längs des Ufers nicht mehr weiter führt – steht ein kleiner Gasthof. Im Bauernhaus daneben wohnen wir – allein, die Sommergäste sind noch nicht da. Am Vormittag hängen wir das kleine graue Flachboot – es gleicht einer plumpen bäuerlichen Gondel – mit einer Kette am verwitterten schlüpfrig-bemoosten Pfahl an, der nahe dem Landungssteg aus dem Wasser ragt." Richard Beer-Hofmann in „Paula", 1949.

Salzkammergut. Gasthof Lueg St. Gilgen.

Am Steilabfall des Zwölferhorns in den See verblieb nur ein schmaler Streifen zwischen Felswand und Ufer, den sich Bahn und Straße teilen mussten. Bei der Haltestelle Lueg führte die Strecke der Salzkammergut-Lokalbahn kurioserweise durch den Gastgarten des Hotels.

In Lueg bestand bereits seit dem 15. Jahrhundert eine Brauerei, die im Jahre 1902 von der Salzburger Stieglbrauerei gekauft wurde. Diese errichtete 1903 ein neues Gasthaus mit Hotel, das bei den Sommerfrischlern sehr beliebt war.

Der 1909 gegründete Verschönerungs-Verein legte in seinen Statuten fest, wie der Zweck des Vereins erreicht werden sollte: „Durch Herstellung neuer Wege und Promenaden, Ruhebänke und sonstige öffentliche Anlagen sowie die Erhaltung der bestehenden."

Die Weißwand auf halber Höhe des Zwölferhorns zählte – und zählt – zu den beliebtesten Zielen einer kleinen Wanderung, bot doch der dort gelegene „Alpengasthof" die Möglichkeit einzukehren und die schöne Aussicht auf St. Gilgen, den Wolfgangsee und den Schafberg zu genießen.

Auch Bergpartien wurden unternommen, diese nahmen jedoch während des Ersten Weltkriegs ab. So schrieb Anna Blaschczik am 10. August 1917 an ihren Sohn Willy: „Leider ist auch niemand da, der mit Papa ginge, alle trachten an Gewicht zuzunehmen, die Sohlen zu schonen und sich keinen zu guten Appetit zu holen.“

Als Frau war es nicht so leicht, in die Männerdomäne des Alpinismus vorzudringen. Bergsteigen galt als unweiblich, Frauen als körperlich zu schwach. Lange Diskussionen und Abhandlungen gab es zu diesem Thema, erst in der Zwischenkriegszeit wurde sportliche Betätigung auch für Frauen möglich und von der Gesellschaft langsam akzeptiert.

Lilly Jehle und ihre Freundinnen setzten sich über diese veralteten Klischees hinweg, und ihr „Spaziergang" aufs Zwölferhorn gehörte zur fast wöchentlichen Routine.

Robert Winterstein (1874–1940), Staatsanwalt, Generalprokurator und kurzzeitig Justizminister, verbrachte einige Sommer in St. Gilgen. Er war passionierter Jäger und unternahm oftmals Bergpartien.

Auch die Kinder liebten das Spaziergehen, das Erforschen des Waldes und das Entdecken von unbekannten Gewächsen und Tieren.

Im Jahre 1916 wurde erstmals diskutiert, am See entlang zwischen Brunnwinkl und dem „Gasthof Fürberg" einen Weg anzulegen: „Gestern besuchte mich Hofrat von Frisch, ich möge Schwarzenbrunners [Bürgermeister] Projekt der Straße von Fürberg über Brunnwinkl nach St. Gilgen nicht fördern", berichtete Hans Blaschczik seinem Sohn Willy.

Der Protest nützte nichts, der Weg wurde zur Freude der Sommerfrischler, die diesen Weg in ganz besonderem Maße liebten und lieben, abseits von Brunnwinkel trotzdem erbaut.

Salzkammergut. St. Gilgen. Fürberg.

„Mit Polstern und Decken lege ich morgens das Boot aus, und von seinem sanften Schaukeln bald in den Schlaf gewiegt, wacht sie [Paula] nicht auf, wenn Wellen des kleinen Dampfers, von der drübern Seeseite bei uns anlangend, stark an die Bootswand schlagen und uns hart ans Ufer drängen." Richard Beer-Hofmann in „Paula", 1949.

St. Gilgen.   Partie gegen den Plombergstein.

Den Fürberger Weg entlang oder per Boot zurück nach St. Gilgen. Die Möglichkeiten für ausgedehnte oder kürzere Spaziergänge waren vielfältig, ein Reiseführer mahnte: „Je nach der zur Verfügung stehende Zeit, je nach Wanderlust und Gehvermögen wird man eben seine Wege gehen, sich unter ihnen die schönsten und lohnendsten auswählen."

Plomberg-Stein b. St. Gilgen

Einer dieser lohnenden Wege führte auf den Plombergstein, wo, etwas versteckt, der „Plomberghof" lag: „Der erste Blick auf's Haus, das war das Schönste auf der Welt!", erinnerte sich die Tochter der Besitzer, Dorli Schereschewsky.

Liebe Ida! Panorama von der Margarethen-Höhe aus.

5661 P 3 h c Ledermann jr. Wien I. Fleischmarkt 12.

Dr. Arnold und Mimi Schereschewsky erwarben im Jahre 1919 den „Plomberghof", einen Bauernhof aus dem 14. Jahrhundert auf dem Plombergstein mit prachtvoller Sicht über den See. Mimis Schwester Gerti war mit Hugo von Hofmannsthal verheiratet – daher verbrachte der Dichter so manchen Sommer in St. Gilgen. Mimi Schereschewsky war berühmt für ihre Gilgner Jausen, die auch im Winter in Wien fortgeführt wurden. Lilly Jehle setzte Mimi Schereschewsky ein Denkmal: „Ja, ist die Mimi nicht im Hause/So ist gedämpft die Gilgner Jause./Es fehlt an

94

St. Gilgen, Salzburg, am Abersee.

Würze und an Witz/Das hat die Mimi im Besitz." Die Gabe, großartige Wiener Mehlspeisen zu fabrizieren, sollte Mimi Schereschewsky und ihrer Familie das Überleben sichern. 1938 mussten sie vor den Nationalsozialisten flüchten und gelangten nach Amerika. Dort sorgte Mimi für den Lebensunterhalt der Familie, indem ihre Mehlspeisen reißenden Absatz fanden. Und so fand ein kleines Stück St. Gilgen in Amerika eine neue Heimat.

Sutton Verlag

BÜCHER AUS OBERÖSTERREICH

Das Salzkammergut
Raimund Ločičnik
ISBN: 978-3-86680-015-1
18,90 € [A]

Linz. „Objektiv" gesehen
Willibald Katzinger, Friedrich Mayerhofer
ISBN: 978-3-89702-519-6
18,90 € [A]

Wels in alten Ansichten
Günter Kalliauer, Ingeborg Micko
ISBN: 978-3-86680-354-1
18,90 € [A]

Steyr im Wandel der Zeit
Raimund Ločičnik
ISBN: 978-3-86680-106-6
18,90 € [A]

Kaiserzeit. Vom Alltagsleben der Habsburger
Katrin Unterreiner, Werner Grand
ISBN: 978-3-86680-263-6
20,00 € [A]

Wien-Film. Träume aus Zelluloid
Christian F. Winkler
ISBN: 978-3-86680-227-8
19,90 € [A]